Christmas arrangements
by Daniel Santamaria

# Christmas arrangements

*by* Daniel Santamaria

stichting
kunstboek

My career as a florist is an endless road where the journey is as important as the goal. The result of this road and learning process is a compromise, integrating many of my experiences and some of my fears. My concept of floristry is a kind of floristry that appeals to all senses, a kind of floristry that leaves no space for indifference.

The training never ends. The road still goes on. As student we assimilate content, as trainee we master a trade, as a professional we start to exchange content, and as a teacher we transmit experiences and share new ideas and concepts with our students.

My origins as a florist go back to the year 1988 in Barcelona, when I started as an apprentice in the shop 'Anna Maria Floristas'. Anna Maria helped me discover a world previously unknown to me. My second working experience was at 'Maria Teresa Floristas', currently called 'Valls Flors', in Molins de Rei (Spain). Thanks to Encarna and Pep I started to experience and learn what it meant to be a florist. A new stage in my career began at 'Floristik Gregor Lersch' in Badneuenahr (Germany). Two years of relentless pursuit where I discovered, along with Gabriela and Gregor Lersch, the floral universe. This was a time full of remarkable experiences, impressions, discussions and friendship with colleagues, which opened doors to new paths that would contribute to my personal growth and maturity. In Hamburg at 'Jutta Burmester Floristik', I spent a year learning the trade as a professional, closing the florist employee stage. I will never forget my experiences at the companies that believed in my creativity and the many colleagues and friends who have helped me to establish myself as a professional.

*Mi trayectoria como florista es un camino sin fin en el que tan importante es el recorrido como la meta. Mi implicación con el proceso y por tanto con el resultado, es un compromiso que integra mis vivencias con mis inquietudes. Mi concewpto de la florística es la florística de los sentidos, en el que no cabe la indiferencia. Mi formación se forja como estudiante que asimila contenidos, como aprendiz que asimila oficio, como profesional que intercambia contenidos y como profesor que regala experiencia y comparte nuevas miradas con sus alumnos.*

*Mis orígenes como florista se remontan al año 1988 en Barcelona (España). Entré como aprendiz en la tienda Anna María Floristas. Anna Mª me descubrió un nuevo mundo, que desconocía. Mi segunda experiencia laboral fue en Mª Teresa Floristas, actualmente Valls Flors, en Molins de Rei (España). Gracias a Encarna y Pep me inicié en la experimentación y aprendí a ser florista. Estrené una nueva etapa en Floristik Gregor Lersch en Badneuenahr (Alemania). Dos años de búsqueda incesante en los que descubrí, junto a Gabriela y Gregor Lersch, el universo floral. Momentos de mi vida llenos de vivencias, impresiones, discusiones y amistad con colegas, me abrieron nuevas puertas hacia nuevos caminos que me aportarían una madurez personal. También en Alemania, en Hamburgo con Jutta Burmester Floristik, he vivido un año aplicando mi bagaje profesional cerrando la etapa como empleado florista. No olvido mis experiencias en las empresas que han creído en mi creatividad y tantos colaboradores y amigos que me han ayudado a consolidarme como profesional.*

The past ten years have been a period of unparalleled intensity. Together with my partner Britta Ohlrogge, I created 'Floristik Projekt', a project that has been vital in my life. 'Floristik Projekt' is more than a workshop, it has been and it is a life experience, a philosophy, a way of understanding the world. Together with Britta, I found a balance between the personal and professional life that allowed us to create a growing team, to experiment, evolve and seek new paths and inspiration. Floristik Projekt is a meeting point and at the same time a starting point for creative floristry.

My time as a student was prolonged at the 'Escola d'Art Floral de Catalunya', where I started as a student, continued as alumni, as a teacher's assistant, later teacher and currently as Floral Director. It has been a long period, full of hope, friendship and growth. I fondly remember the generosity of so many local and international teachers that have been determinant in the course of my life until now.

The opportunity to publish 'Christmas Arrangements' comes at a time when exactly 24 years ago I started my professional career as a florist. Incidentally, one of those happy coincidences in life, 24 days is also the duration of Advent and therefore 24 days the durations of the wreath that symbolizes it. Coincidentally the Advent wreath also originates from Hamburg, my second home and my current place of residence.

This book aims to be a look back and a look ahead into my journey, what it has been and what it will be. This book is also a thank you to all of those who have supported and accompanied me in my adventure as a florist and a great memory that will stimulate me to keep going on.

*Durante los últimos diez años he vivido una etapa de una intensidad incomparable, he compartido un proyecto vital al crear Floristik Projekt, junto a mi compañera Britta Ohlrogge. Es más que un taller, ha sido y es, una experiencia de vida, una filosofía, una forma de entender el mundo. A su lado he encontrado un equilibrio personal y profesional que nos ha permitido crear un equipo creciendo, experimentando, evolucionando y buscando nuevos caminos de inspiración. Floristik Projekt es el punto de encuentro y también es el punto de partida como creativo floral.*

*Mi etapa como estudiante crece junto a l'Escola Art Floral de Catalunya, empecé como alumno, seguí como exalumno, como ayudante de profesor, como profesor y actualmente como Director Floral. Toda una larga etapa llena de ilusión, amistad y evolución. Recuerdo con cariño la generosidad de tantos maestros de la escuela e internacionales que han estado determinantes en mi proceso vital.*

*La ocasión de publicar Christmas Arrangements surge justo en el momento en que hace 24 años que empecé mi trayectoria profesional como florista. Casualmente, como una ironía de la vida, son 24 los días que dura el Adviento y por tanto 24 días la duración de la Corona que lo simboliza, otra casualidad es que la Corona de Adviento, nació en Hamburgo, mi segunda casa y mi actual residencia.*

*Este libro pretende ser un punto y seguido en mi recorrido, una mirada hacia atrás y una mirada hacia delante, el que fue y el que será. Un guiño de complicidad hacia todos los que me han acompañado en mi aventura de florista y un soplo de coraje para seguir caminando.*

First of all, I am very grateful for Jaak Van Damme's friendship and trust, offering me this opportunity to leave my mark on paper, a new chance to experience and feel Christmas. Why Christmas? Christmas simply is my favorite theme in flower arrangements. I discovered floral Christmas design in Germany and it brought me to new dimensions in floristry. Christmas is a moment in the year with great symbolic meaning, spiritual depth, values and traditions. These are necessities for my personal evolution and give depth and character to my floral work, which is a combination of traditions and symbolism, history and culture and the expressive possibilities of shapes, colors and materials. The senses are very important at Christmas time. Christmas is a moment that is visualized and recognized in typical shapes, colors and proportions, is felt and made tactile in textures, is heard in the silence, is immediately recognized in the scents released by the materials (cinnamon, pine, candle wax) and is also experienced spiritually; Christmas is a tradition, thus bringing the past and the present together.

In short, this book has allowed me to show works that are new, modern and eclectic. The typical characteristics of my generation of florists and the result of many years of learning, a connection between past and present creating a link to the future.

I dedicate my first solo book to my grandparents Matilde and Felip Santamaria and Pilar and Juan Francisco Pueyo. They have taught me great things that I have always kept in mind and have been very helpful in the course of my personal and professional paths.

Daniel Santamaría Pueyo

*Ante todo agradezco profundamente a Jaak Van Damme su amistad y su confianza al ofrecerme dejar mi huella sobre papel, el testimonio de una forma de sentir la florística y en este caso, una forma de sentir La Navidad. ¿Por qué La Navidad? porqué La Navidad, es actualmente, mi tema preferido para arreglos florales. Descubrí La Navidad floral trabajando en Alemania y descubrí una nueva dimensión, totalmente nueva para mí. La Navidad tiene aquellos requisitos en los que se basa mi evolución personal y que dan un carácter profundo a mi obra floral: la tradición y el simbolismo por tanto la historia y la cultura, unidos a la riqueza expresiva de las formas, los colores y los materiales. La florística de los sentidos cobra una especial importancia en Navidad: se contempla a través de las formas, los colores y las proporciones, se palpa a través de sus texturas, se oye a través de sus silencios, se huele a través del aroma de bosque que desprenden los materiales y se siente espiritualmente a través de su conexión entre el pasado y nuestro imaginario particular, familiar y colectivo.*

*En resumen, Christmas Arrangements me ha permitido transmitir la imagen de una neo-florística ecléctica propia de mi generación que nace después de muchos años de aprendizaje, una unión entre pasado y presente creando un vínculo hacia el futuro.*

*Quiero dedicar este mi primer libro en solitario, a mis abuelos Matilde y Felip Santamaría, Pilar y Juan Francisco Pueyo, ellos cuatro siempre me enseñaron grandes cosas que siempre he tenido presentes en el recorrido de mi camino humano y profesional.*

*Daniel Santamaría Pueyo*

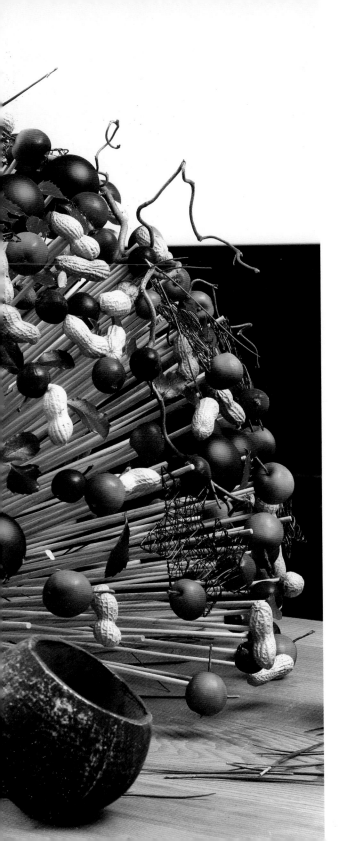

Over time, many new decorative styles have seen the light and many more have been reinterpreted and revived. An example of a new and exciting version of a traditional floristic design.

A lo largo del tiempo han surgido y se han reinterpretado cantidad de estilos decorativos. Este es un ejemplo actual y estimulante de una nueva versión de una forma tradicional florística.

Arachis hypogaea
Ilex aquifolium
Malus floribunda

*D*elicate Neo-Baroque composition. The sparse use of materials and the vertical lines, make this composition sober but still full of character.

*D*elicado trabajo neobarroco, donde la simplicidad de sus materiales hacen de él un ejemplo de austeridad floral, sin perder du caracter.

« 
**Taxus baccata**

» 
**Buxus sempervirens**
**Cinnamomum verum**
**Malus floribunda**
**Schinus molle**

*F*loral object in which horizontal lines dominate. Its modern style makes this arrangement excellent for contemporary home decor.

*O*bjeto floral en el que domina la contundencia de la forma. Su vanguardismo la convierte en una pieza esencial para la decoracion actual.

This wreath combines textile touches with textural floral work consisting of natural and decorative materials. The choice of materials within the red spectrum brings happiness. A non-traditional design intended for young people.

*Esta corona combina los acabados textiles con el trabajo floral textural realizado con materiales naturales y decorativos. La elección de materiales junto al dominio del rojo provoca una emoción divertida pensada para un público joven.*

Abies nordmanniana
Cinnamomum verum
Malus floribunda
Melia azedarach
Schinus molle

*ubtle floral compositions that bring colour, joy and happiness. The emotional appeal of this set lies in the symbolism of the materials: fruits, pine cones, stars and apples.*

*erie de sutiles composiciones florales que evocan un canto a la vida. El encanto emocional de este conjunto radica en el simbolismo de los materiales: frutos, piñas, estrellas y manzanas.*

Malus floribunda
Phalaenopsis hybrida
Pinus pinea

*T*his customized
version of a classic,
is designed as a meeting point
between minimalism and
maximalism. This composition
alternates between these
two styles, creating harmony
in contrast.

*V*ersión personalizada de
una forma clásica sirve
de punto de encuentro entre
maximalismo i minimalismo.
Este objeto alterna los dos
estilos creando una armonía
en contraste.

Heliconia bihai
Phalaenopsis hybrida
Sequoiadendron giganteum

17

This composition is the result of the combination of natural elements and a candle. The three elements form a single piece characterized by rural simplicity and tranquility. The hardness of the rustic wood is softened by the delicate floral arrangement on top.

*Este objeto es el resultado de la combinación de dos piezas realizadas con elementos naturales y una vela. Los tres elementos forman una única pieza de estilo rural y tranquilo. La rusticidad de la madera se suaviza con la delicadeza de la composición floral.*

Melia azedarach
Phalaenopsis hybrida
Pinus pinea (needles)

Decorative and symbolic piece made with organic and natural materials. The lively green of the Buxus contrasts with the simple, natural color of the structure and the wreath. The large size of the design makes it a sculptural piece.

*Objeto decorativo y simbólico realizado con materiales orgánicos y naturales. La vida que desprende el verde del Buxus contrasta con la sencillez del color natural de la estructura y la corona. La gran dimensión del objeto lo convierte en una pieza escultórica.*

**Buxus sempervirens**

Classic, sophisticated design. Through the juxtaposition of various equal elements, a design of unity is achieved. Contrast of whites and greens against a dark background.

*Diseño clásico y sofisticado. Con la yuxtaposición de varios elementos iguales se consigue un conjunto de unidad. Contraste de blancos y verdes sobre un fondo oscuro.*

new version of the Christmas wreath that conveys a special emotion. Combining effects and values: elegant, natural, symbolic, luxurious, modern, sophisticated and traditional.

*Nueva versión de la corona de Navidad que transmite una emoción especial. Combinación de efectos y valores: elegante, natural, simbólico, lujoso, moderno, sofisticado y tradicional.*

«
**Cinnamomum verum**
**Taxus baccata**

»
**Taxus baccata**

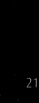

et of two pieces, characterized by a simple design but with a large personality, transmitting tranquility. The equilibrium of this composition lies in the proportion and the contrast of the materials.

onjunto de dos piezas que se caracterizan por un diseño simple y con carácter, que transmite tranquilidad. El valor del equilibrio de este objeto radica en la proporción y el contraste de los materiales.

**Eucharis grandiflora**
**Xanthorrhoea australis**

*T*raditional suspended design that transmits peace and order. The green elements soften the floral decoration and contrast against the wooden base.

*D*iseño tradicional que desprende calma y orden en suspensión. Los verdes suavizan la decoración floral circular en contraste con la base de madera.

**Buxus sempervirens**
**Chamaecyparis obtusa**
**Chamaecyparis pisifera**
**Cupressus sp.**
**Malus floribunda**
**Picea glauca**

Traditional, classical piece. The treatment of the platinum finishes, and the natural and greyish colors add an antique look that contrasts with the modern style of the design.

*Objeto clásico tradicional. El tratamiento de los acabados platinados, naturales y grisáceos le dan un aspecto antiguo en contraste con un diseño moderno.*

**Betula alba**
**Pinus pinea (pine needles)**

24

mall Neo-Baroque
inspired scene.
Playing with the contrasts
between composition and
background. The colors unify
the arrangement.

*equeña
escenografía de
inspiración neo-barroca.
Juego de contrastes entre
composición y fondo. La
unificación de los colores
da unidad al conjunto.*

**Cinnamomum verum**
**Malus floribunda**
**Pinus pinea (pine needles)**
**Schinus molle**

*T*raditional rustic design. Contrasting textures and colors. The roundness of the fruits and candles give the composition a special warmth.

*D*iseño rústico tradicional. Contrastes de texturas y colores. La redondez de las frutas y velas dan a la composición una calidez especial.

« 
**Buxus sempervirens**
**Malus floribunda**
**Pinus pinea (pine cones)**

»
**Cinnamomum verum**
**Phalaenopsis hybrida**
**Pinus pinea (needles and cones)**
**Schinus molle**

Personal and fun style emphasizing the combination of materials. The result is a mixture of feelings: dramatic, eccentric, sensual, bold and colorful.

*Estilo personal divertido que pone el acento en la combinación de los materiales. El resultado es una mezcla de sensaciones: dramático, excéntrico, sensual, atrevido y colorista.*

This Christmas frieze of rural and artisan inspiration, is a nice example of the integration of a composition and a background. The colors and materials harmonize with the wall mural.

*Este friso de Navidad de inspiración rural y artesana, es el ejemplo de la integración de una composición con el fondo. Colores y materiales armonizan con la pintura mural.*

«
**Arachis hypogaea**
**Cinnamomum verum**
**Malus communis**
**Melia azedarach**
**Picea glauca**

»
**Melia azedarach**
**Phalaenopsis hybrida**
**Pinus pinea (needles)**

The horn of plenty or cornucopia. Greek mythology has it that one day Zeus, still a child, playing with the goat Amalthea, broke one of its horns. This horn would provide all the riches it wished for. From then on it was called 'the horn of plenty'. This design is inspired by mythology, contrary to what would be expected, the floral composition is not excessive, but subtle and elaborated with delicate materials.

*Cuerno de la abundancia o cornucopia. Cuenta la mitología griega que un día Zeus, siendo un niño, jugando con la cabra Amaltea, le rompió un cuerno. Este cuerno desprendería todas la riquezas que ella desease, pasando a llamarse cuerno de la abundancia. Este diseño se inspira en la mitología, en este caso sale una composición floral de aspecto sutil realizada con materiales delicados.*

An outdoor composition in a distinct country style. A simple, rough and traditional design transmitting balance, serenity and joy.

*Objeto de estilo campestre pensada para el exterior. De diseño simple y tradicional transmite equilibrio, serenidad y alegría.*

Buxus sempervirens

*M*odern and simple composition inspired by life in the countryside. Paying tribute to tradition with a modern, subtle and rustic-elegant design.

*O*bjeto moderno y sencillo inspirado en la vida rural. Rinde homenaje a la tradición con un diseño actual sutil rústico-elegante.

Arachis hypogaea
Melia azedarach
Thuja orientalis

33

Equal to the rural and country inspiration, the ethnic reference is a very interesting source of inspiration. Design of highly expressive power in neutral colors and natural materials.

*Al igual que la inspiración rural y campestre, la referencia étnica es una fuente de inspiración muy interesante. Diseño de gran fuerza expresiva a partir de colores neutros y materiales naturales.*

Melia azedarach
Olea europea (wood)

un and stylish series. From very ripe fruits springs delicate floral work, as if they were seeds; symbols of new life.

*erie divertida y elegante. A partir de un fruto, en adelantado estado de maduración, a modo de semillas, sobresale un delicado trabajo floral, símbolo de una nueva vida.*

Melia azedarach
Phalaenopsis hybrida
Pinus pinea (pine needles)

37

*A*ttractive neoclassical symmetry and proportion. The simplicity and warmth of a rustic style. The charms of the countryside blended in with decorative elegance.

*A*tractiva simetría y proporción neo-clásica. La simplicidad y calidez de un estilo rústico que mezcla los encantos del campo con una elegancia decorativa.

**Buxus sempervirens**
**Melia azedarach**
**Olea europea (wood)**

*C*ontemporary composition blending rustic and minimal style with an eclectic result. An elegant and sober design incorporating elements from different styles. Its charm lies in the purity of form and the clean lines in its construction. Monochrome in color, with an accent in green.

*O*bjeto de estilo muy actual que combina lo rustico con el minimalismo resultado ecléctico. Es un estilo sobrio y elegante que incorpora varios elementos de distintos estilos. El encanto reside en el toque de la pureza de las formas y la limpieza constructiva. Los colores son monocromos con un acento verde.

**Eucharis grandiflora**
**Pinus pinea (needles)**
**Sansevieria spp.**
**Xanthorroea australis**

*B*etula alba holds a symbolic meaning. It stands for both the mother and the father. Within this duality I created a symmetrical piece, with a coloured floral accent, nicely counteracting the grey and white of the Betula bark.

*E*l simbolismo de la Betula alba tiene el doble simbolismo de padre y madre. Dentro de esta neutralidad he creado una pieza simétrica con un acento floral en contraste.

Betula alba
Phalaenopsis hybrida
Pinus pinea (needles and cones)
Xanthorrhoea australis
Xylomene australis

*E*xtreme simplicity and symbolic power are main focus in this design. A natural and small decorative element serves as a focal point.

*S*implicidad extrema y fuerza simbólica son la clave de este diseño. Un detalle decorativo natural sirve de punto focal del conjunto.

**Abies nordmanniana**
**Cinnamomum verum**
**Melia azedarach**

floral composition in which the dominant black color contrasts with the white candles. The hardness of the black spheres is counteracted by the sinuous lines of the waterfall, creating a transparent effect.

*Objeto floral en el que domina el color negro contrastando con el blanco de las velas. La dureza del negro viene compensada por las líneas sinuosas de la cascada creando un efecto de transparencia.*

**Helleborus nigra**

delicate and fragile arrangement.
The floral part leans on a supportive translucent sphere.
The white color and the shape of the sphere contrast with the color and the vertical lines of the stems.

*Objeto de sensación frágil en el que la parte floral dominante se apoya en una esfera que le sirve de soporte. El color blanco y la forma redonda de la esfera contrasta con el juego de líneas verticales de los tallos.*

**Eucharis grandiflora**
**Pinus pinea (pine needles)**
**Xanthorrea australis**

The materials and the textures are the main players in this object, although some are not very traditional, they are still in keeping with the Christmas theme. The size of the design, the red color and the dominant circle shape give this object a great visual appeal.

*El valor de los materiales y el carácter de la textura son los grandes protagonistas de este objeto, sin perder la esencia de la Navidad. La dimensión el color y la forma contundente del círculo transmite una gran fuerza visual.*

**Capsicum annuum**
**Cornus alba**
**Malus floribunda**
**Pinus pinea (pine cone)**
**Pyrus malus (fruit)**

*A*unique and contemporary design playing with the contrast between the industrial and the natural, between plastic and wood.

*C*ontraste entre el mundo industrial y el natural, entre el plástico y la madera, creando una pieza especial. Contraste también entre el peso de la base con la ligereza y transparencia de las bridas.

*L*amp made of pine cones and Pinus pinea leaves. Pine cones besides of being an ornament have an ancestral meaning. They represent immortality, thus they are a sign of hope for the future.

*L*ámpara de piñas y hojas de Pinus pinea. Las piñas, además de ser un adorno tiene un significado ancestral que representa la inmortalidad, son un signo de esperanza en el futuro.

«
**Betula alba**
**Passiflora edulis (fruit)**
**Phalaenopsis hybrida**
**Pinus pinea (cones and needles)**

»
**Pinus pinea**
**(cones and needles)**

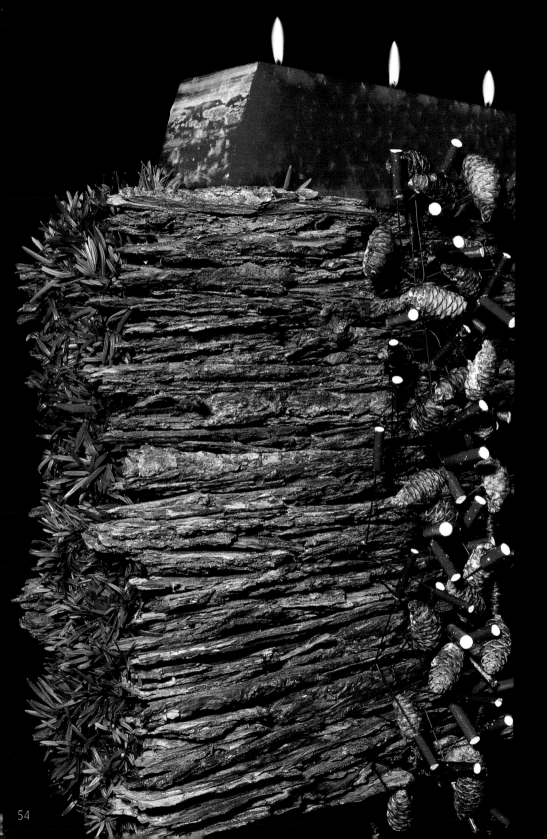

perfect composition for bringing a rural and natural touch to the home. Designed to maximize the use of wood textures and to emphasize the different colors and shades of the wood. This decorative style will keep its effect for several generations.

*bjeto perfecto para dar un toque campestre y natural al interior de un hogar. En este diseño se pretende maximizar el uso de las texturas de la madera y sus colores como elementos naturales. Este estilo decorativo permanece vigente de generación en generación.*

Cornus alba
Picea parryana Sargent (cones)
Pinus pinea (bark)
Taxus baccata

ustic or elegant?
Both apply here.
A rustic, yet discrete, design
that combines the elegance and
the serenity of the materials.
The red toned accessories add
more intensity to the overall
neutral flowers. The strong shape
and the extremely rustic texture
enhance this delicate floral
arrangement.

*¿Rústico o elegante?*
*Las dos cosas a la vez.*
*Un diseño rústico pero sobrio que*
*combina con la elegancia del*
*resto de los materiales. Tonos*
*rojos para los complementos y*
*más intensidad en los colores de*
*las flores naturales. Objeto con*
*una forma potente una textura*
*extremadamente rústica potencian*
*un trabajo floral delicado.*

**Capsicum annuum**
**Malus floribunda**
**Pinus pinea (needles and cones)**
**Phalaenopsis**
**Schinus molle**

The textures of this design incorporate the idea of forest and sky. Cloud white and earth tones create a modern style. The round candle forms the center of the set.

*Este diseño incorpora la idea de bosque y de cielo a través de sus texturas. Blanco nublado y tonos tierra crean un estilo moderno. La vela esférica pasa a ser el centro de conjunto.*

**Phalaenopsis hybrida**
**Pinus pinea (needles)**

Elegant-traditional design with a rustic hint, ideal for the home interior. It can be considered a classic type of floral arrangement focusing on proportion, symmetry and restraint.

*Propuesta elegante-tradicional y con aire rústico ideal para el hogar. Se pueden considerar un tipo clásico de trabajo floral que enfatiza la proporción, la simetría y la moderación.*

*C*hristmas arrangement typically designed for the home or the dinner table. Complementary contrast between the quintessential Christmas colors red and green. Round shapes are emphasized in this design.

*C*entro típicamente navideño pensado para el hogar. Contraste de color complementario de rojo y verde unido al juego de formas redondas.

«
**Araucaria angustifolia**
**Capsicum annuum**
**Cupressus sempervirens**
**Hedera helix**
**Malus floribunda**
**Phalaenopsis hybrida**
**Skimmia japonica**

»
**Capsicum annuum**
**Cornus alba**
**Chamaecyparis obtusa**

*P*endant composition
showing force.
The overlap of materials
creates an effect of layers,
optically interrupting the floral
elements. Heavy-light, rustic-
elegant,... again, contrasts are
the stylistic characteristics of
this piece of art.

*Objeto colgante de
diseño contundente.
La sobre-posición de materiales
crea un efecto de estrato que
interrumpe ópticamente el
trabajo floral. Pesado-ligero,
rústico elegante vuelven a ser
el argumento estilístico de esta
pieza artística.*

Corylus avellana
Nerine bowdenii
Pinus pinea (cones)

*This Neo-Baroque object holds the Christmas spirit in its materials and invades the space visually. The fruit holder at the basis, conveys intimacy and the comfort of the home.*

Esto objeto de stilo neo-barroco, conlleva, por sus materiales, simbolismi navideño a la vez que invade visualmente el espacio. La pieza del frutero transmite una esencia intimista.

Cinnamomum verum
Corylus avellana
Hoya linearis
Pinus pinea
(cones and needles)

*L*arge-scale neoclassical object focusing on the contrast between the visual heaviness of the wreath and the slender shapes of the candles. A set of metal legs maintain it in suspension.

*O*bjeto neo-clásico de gran dimensión que contrasta la pesadez óptica de la corona con las formas esbeltas de las velas. Un juego de patas metálicas la mantienen en suspensión.

**Helleborus nigra**
**Pinus pinea (cones and needles)**

The pyramidal shape is one of the oldest shapes in the history of construction, something the Egyptian Pyramids are testimony of. They make a union between heaven and earth, which gives them a spiritual character. This interpretation has a grey stripe inside that contrasts with the green color of Taxus baccata. Candles in white emphasize the verticality of this shape.

*La forma piramidal es una de las más antiguas en la construcción humana como es el caso de las pirámides. La unión entre el cielo y la tierra dan a la pirámide un carácter espiritual. Este objeto re-versiona la figura triangular atrapando en su interior una franja gris que contrasta con el carácter verde del Taxus baccata. Las velas en blanco elevan y estilizan la verticalidad de la forma.*

learly a Christmas arrangement with a strong decorative intent. The expressive power of the ramifications contrasts with the semicircle made out of organic material. The red flowers fill the design with expression.

*Objeto claramente navideño con una gran intención decorativa. La fuerza expresiva de las ramificaciones contrasta con el semicírculo del material orgánico. El rojo de las flores llena de expresión el conjunto.*

«
**Olea europea**
**Taxus baccata**

»
**Cyclamen persicum**
**Malus communis (branch)**
**Picea parryana Sargent (cones)**
**Pinus pinea (needles)**

rustic-elegant piece, a harmonious fusion of
textures. A combination of pine cones, fruits and
flowers with contrasting lines and textures. The triad harmony
of color creates an effect in between warm and cold.

*na fusión de texturas armonizan este objeto rústico-
elegante. Juego de piñas, frutos y flor con un sutil
contraste de líneas y texturas. La armonía triada del color crea
un juego entre cálidos y fríos.*

*S*ophisticated and elegant piece resulting from the simplicity of the wood in contrast with the pattern of Taxus baccata. The object's shape evokes the memory of an ancient urn, but here updated to a modern design. Dark candles give it a new use as candleholder. The second element, bare of decoration, reinforces the design of the first one.

*O*bjeto elegante y sofisticado que resulta de la simplicidad de la madera en contraste con la cenefa de Taxus baccata. La forma del objeto evoca el recuerdo de una urna antigua con un diseño actual, las velas oscuras la dan un nuevo uso de candelabro. La segunda pieza, desnuda decoración, refuerza el diseño de primera.

«
Corylus avellana 'Contorta'
Helleborus nigra
Malus floribunda
Taxus baccata

»
Taxus baccata

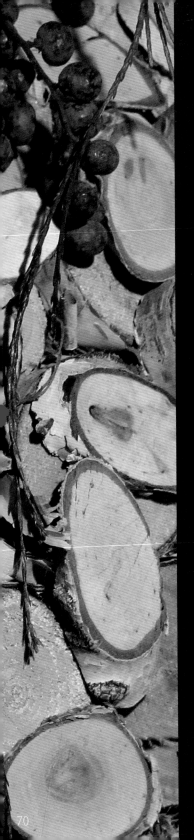

*W*ho said two opposite styles cannot be mixed together? This design is achieved by mixing contemporary and rustic. How can this be done? Well, the key word is moderation. Nothing excessive blends, use nothing but little touches of both styles in the mix so that nothing overlaps or collides.

*Q*uién dice que dos estilos opuestos no puedan mezclarse entre sí? Este diseño consigue mezclar el estilo contemporáneo con el estilo rústico. ¿Cómo se consigue? Pues sin duda la palabra clave es mesura. Nada de mezclas exageradas, simplemente pequeños toques de ambos estilos para que ninguno se solape y no choquen entre sí.

Betula alba
Phalaenopsis hybrida

*T*extures and their great possibilities. These four materials create a rustic wreath with four candles as an elegant contrast.

*L*as texturas y sus grandes posibilidades. Estos cuatro materiales crean una corona de una sensación rustica con un contraste de elegancia en la posición de las cuatro velas.

**Malus floribunda
(fruit and twigs)**

*D*ecorative textural tapestry of different materials, designed in shades of red, nicely contrasting with the grey of Pinus. An allrounder, fit to decorate any room in the house. A design of great visual impact, due to its shape, color, textures and dimensions.

*T*apiz textural decorativo de diferentes materiales, realizado en tonalidades rojas que contrastan con el gris del Pinus. Es una opción perfecta para decorar cualquier espacio de la casa. Un diseño de gran impacto visual, por su forma, color, textura y dimensión.

**Cinnamomum verum**
**Malus floribunda**
**Pinus pinea (cones)**

*C*hristmas, literally, comes through the front door. Nothing announces the arrival of the Christmas festivities better than a Christmas wreath on the door, offering some delight to all those who pass in front of it and inviting them to participate in a shared joy.

*L*a Navidad entra, literalmente, por la puerta. Nada anuncia más la llegada de las festividades navideñas que la decoración floral de una corona que dará un toque de alegría a todos aquellos que pasen frente a ella invitándoles a participar de una alegría compartida.

«
**Arachis hypogaea**
**Araucaria angustifolia**

»
**Capsicum annuum**
**Cinnamomum verum**
**Malus floribunda**
**Olea europea**
**Pinus nigra**
**Pinus pinea (pine cones)**
**Punica granatum**

Undoubtedly the traditional style is the most common when it comes to decorating a home. It is an attractive style that adds elegance and warmth and evokes the memory of our ancestors. Traditional decor is characterized by an inspiring tranquility and calm. The use of decorative accessories, mixing the old with the new, helps us create a fusion between past and present.

Sin lugar a duda el estilo tradicional es el más común a la hora de decorar un hogar. Es un estilo atractivo que le da elegancia y calidez evocando la memoria de nuestros antepasados. La decoración tradicional se caracteriza por inspirar tranquilidad y calma. Utilizar accesorios decorativos mezclando lo antiguo con lo nuevo nos ayudan a crear una fusión entre el pasado y el presente.

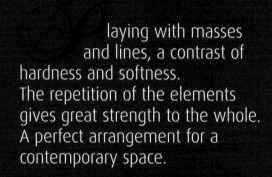

laying with masses
and lines, a contrast of
hardness and softness.
The repetition of the elements
gives great strength to the whole.
A perfect arrangement for a
contemporary space.

*n juego de masas y*
*línea, contraste de*
*dureza y suavidad. La repetición*
*del objeto da una mayor fuerza*
*al conjunto. Ideal para un espacio*
*vanguardista.*

**Malus floribunda**
**Phalaenopsis hybrida**
**Pinus pinea (needles)**

Decorative arrangement consisting of radial lines that contrast with the expressive power of the floral elements. Again a design based on the contrast of light and dark colors, lines and shapes.

*Objeto decorativo compuesto por líneas activas radiales que contrastan con la fuerza expresiva del trabajo floral. Un nuevo contraste de claro-oscuro, líneas y formas.*

**Melia azedarach**
**Phalaenopsis hybrida**
**Picea pinea (pine cone)**
**Rhipsalis paradoxa**

**F**usion between the traditional rustic style and the modern minimalist movement. Eclectic design, untrammeled and without stylistic bonds, proposing a new version of the Christmas wreath.

*Fusión entre el estilo rústico tradicional y el movimiento moderno minimalista. Objeto ecléctico libre de ataduras estilísticas que nos propone una nueva versión de la corona navideña.*

This design set in a neoclassical style evokes lively sensations. The repetition of the round shapes of Buxus together with the stylized shape of the candles that are protruding from the classic vases create a balanced and expressive group. The aged, white colors of the base and background fit the design and bring coherence to the whole.

*De estilo neoclásico este conjunto escenográfico nos evoca sensaciones vividas. La repetición de las formas redondas del Buxus junto a las formas estilizadas de las velas que rebosan de las copas clásicas crean un conjunto equilibrado de gran fuerza expresiva. Los colores envejecidos y blancos de las bases y el fondo dan coherencia expresiva a l conjunto.*

« Xylomene australis

» Buxus sempervirens

*A* playful set of overlapping squares, in different stages. Layers of cedar wood, pine cones and pine fruits topped with a square candle. A fresh take on the traditional round shapes of Christmas arrangements.

*E*ste objeto es un juego de cuadrados superpuestos, el cedro, las piñas y frutos i la vela. Nueva versión de un objeto clásico de Navidad.

**Cedrus libani (cone)**
**Malus floribunda**
**Pinus pinea**

*ƒormas simbólicas y clásicas en un solo trabajo. Combinación de diseño y simbolismo que dan a esta composición una sensación tradicional y actual. El contraste de formas y texturas toma una gran importancia.*

« 
**Chamaecyparis pisifera**
**Cornus alba**
**Pyrus malus** (fruit)
**Sequoiadendron giganteum**

»
**Helleborus nigra**
**Olea europea**
**Pinus pinea** (cones)

An organic composition in which dream and reality converge. This new configuration turns the object into a highly expressive design.

*Objeto de carácter orgánico en el que convergen el sueño y la realidad. Una nueva figuración convierte este objeto en un elemento de gran fuerza expresiva.*

Cinnamon stimulates action, energizes and arouses strong emotions. Its unmistakable aroma evokes our childhood. Two twin forms give strength to the whole, emphasizing the verticality of the object.

*La canela estimula la acción, da energía y despierta emociones fuertes. Su inconfundible aroma nos evoca nuestra infancia. Dos formas gemelas dan fuerza al conjunto enfatizando la verticalidad del objeto.*

**Buxus sempervirens**
**Cinnamomum verum**

he olive tree, its fruit, wood and branches are symbols of peace, fertility and prosperity. Country style design with colors and scents that bring us the essence of the Mediterranean.

*l olivo, el árbol y sus ramas son símbolos de paz, fertilidad y prosperidad. De estilo campestre, la combinación de los colores y el perfume de los materiales nos transporta a la esencia del Mediterráneo.*

Olea europea
Schinus molle
Xylomene australis

89

Without a doubt, the traditional style is still the most popular decorating style for Christmas. Repetition of an object creating a single set. The complementary contrasting colors fit in with the red environment.

*Sin duda, el estilo tradicional es el más popular a la hora de decorar una casa en Navidad. Repetición continuada de un objeto creando un conjunto único. l contraste complementario de los colores se acopla al rojo del ambiente.*

**Malus floribunda**
**Buxus sempervirens**
**Schinus molle**

«
**Cinnamomum verum**
**Pinus pinea (needles)**

»
**Olea europea (fruit)**

asket weaving is an ancient art. It is a humble and modest craft, where dexterity and skill are essential, next to imagination. This vessel incorporates a Christmas pattern crowning the opening of the basket.

*a cestería es una actividad artesanal añeja y milenaria. Es una artesanía humilde y sencilla, donde la habilidad manual y la destreza es la parte esencial unida a la imaginación. Este recipiente incorpora una cenefa navideña coronando la obertura.*

Minimalist composition made with simple shapes, playing with volumes and textures of different surfaces. It is a design that unites and balances pure lines, basic geometrical shapes and clair-obscur contrasts.

*Trabajo minimalista creado a partir de formas simples que juega con los volúmenes y las texturas de las superficies. Es un diseño que une líneas puras, forma geométrica básica y colores neutros claro-oscuros con equilibrio y armonía.*

From the fissure in the old wood trunk, an ethereal 'fringe' is born. Again, this piece plays with the contrast between heavy and fragile. The subtlety of the materials and the neutral color of the flowers make it exude peace and creates a friendly and tranquil atmosphere.

*De la fisura que atraviesa el tronco de madera añeja, nace un fleco etéreo que lo cruza de un extremo al otro. Este objeto es un nuevo contraste entre pesado y frágil. La sutilidad de los materiales y el color neutro de las flores, hace que transmita tranquilidad, creando un ambiente "chillout".*

Phalaenopsis hybrida
Pinus pinea (needles)
Xanthorrea australis

95

A perfect square is rarely to be found in nature. The square is the expression of human intelligence. Balance, serenity and reason are the basis of this clearly contemporary object, a new proposal to manifest Christmas.

*Rara vez encontramos en la naturaleza el cuadrado perfecto. El cuadrado es la expresión de la inteligencia humana: equilibrio, serenidad y razón son la base de un objeto claramente contemporáneo, una nueva propuesta para expresar la Navidad.*

**Helleborus nigra**
**Picea parryana Sargent (cones)**
**Taxus baccata**

The cube is the most stable of all geometric shapes. Stationary and forceful it seems to float above the glass base creating an interesting contrast of ethereal and heavy, of gravity and the lack of it. By combining natural and synthetic textures an object that integrates balance, tradition and modernity is achieved.

*El cubo es la más estable de todas las figuras geométricas. Inmóvil y contundente parece flotar sobre la base de cristal creando un interesante contraste de etéreo y pesado de gravidez e ingravidez. De la combinación de texturas naturales y sintéticas se consigue un objeto que integra con equilibrio, la tradición y la modernidad.*

**Buxus sempervirens**
**Pinus pinea (needles)**

The sphere since archaic cultures, symbolizes perfection and totality. It is associated with the orbital movement of the stars. This spherical element is a clear example of textural and color contrasts: warm-cold, waxy-rough, round-pointed.

*La esfera, desde las cultural arcaicas, ha simbolizado la perfección y la totalidad. La esfera se asocia al movimiento orbital de los astros. Este objeto esférico es un claro ejemplo de contrastes texturales y de color: cálido-frío, ceroso-áspero, redondo-puntiagudo.*

Malus floribunda,
Pinus pinea (pine cones)

This designs is the result of a play of shapes and lines, an interaction between active and passive, horizontal and vertical, negative and positive resulting in a balanced composition of great optical strenght.

*Este objeto es el resultado de un juego de formas y líneas: activas-pasivas, horizontal-vertical, negativo-positivo creando en su conjunto un recorrido óptico de gran fuerza visual.*

design with recycled natural materials. Waste materials, wood swallowed by the sea and refound on beaches, can be used to infuse new compositions with an ecological conscience. These materials are perfectly integratable in the field of design and decoration.

*iseñar y fabricar con materiales naturales reciclados, materiales de desecho, maderas tragadas por el mar y abandonadas algún día en playas sirven para crear nuevos objetos con una conciencia ecológica. Son ideales para integrar en el campo del diseño y la decoración.*

«
**Taxus baccata**
**Helleborus nigra**
**Picea parryana Sargent**
**(pine cones)**
**Cornus stolonifera**

»
**Olea europea (wood)**
**Picea glauca**

A glass dome elevates the humble pine cone to a gem. A sophisticated item contrasting with the rustic pine cones. The gold brightens the object and contrasts with the translucent glass that surrounds it, creating a magical atmosphere.

Una urna de cristal coloca a la humilde piña a la categoría de joya creando un juego entre sofisticado y rústico. El acento dorado da brillo al objeto y contrasta con el cristal translúcido que lo envuelve creando un ambiente mágico.

**Sequioadendrum giganteum**

The optical weight of this piece contrasts with the fragility of the glass holder. The pine cone is the key element in this object: as a building material, as a decorative element and as a base. The delicate white flowers connect us with the candles. Pine needles are a decorative touch.

*El peso óptico del objeto contrasta con la fragilidad del cristal del soporte. La piña es el elemento rey de este objeto: como material constructivo, decorativo y como base. Las delicadas flores blancas nos conectaran con las velas. Las hojas de pino serán un acento decorativo.*

**Cinnamomum verum**
**Cyclamen persicum**
**Pinus pinea (needles and cones)**

unk-inspired. This piece plays with the sharp contrast between an aggressive shape and the delicate softness of the floral material. The candle, being white and round, goes from having an unsettling function to being a landmark, and gives the object some visual stability.

*De inspiración punk, este objeto es el resultado del fuerte contraste entre una forma agresiva y la frágil suavidad del material floral. La vela, al ser redonda y blanca pasa de tener una función inquietante a ser un punto de interés que da estabilidad óptica al objeto.*

Helleborus nigra
Pinus pinea (pine needles)

*R*ustic design with delicate golden accessories that provide touches of light to the composition. An arrangement where concept meets elegance.

*D*iseño rústico con finos complementos dorados que aportan detalles de luz al trabajo. Composición en la que coincide la conceptualización con la forma elegante del trabajo.

**Cinnamomum verum**
**Schinus molle**
**Thuja orientalis**

Since ancient times the combination of light and gold has received a standardized meaning. Gold with its bright yellow color and its unalterable qualities, its eternity and perfection, is in appearance and concept an evocation of the sun.

*Desde la antigüedad la valoración luz-oro-divinidad está plenamente interiorizada. El oro con su brillante color amarillo y sus cualidades de inalterabilidad, eternidad y perfección es, por aspecto y por concepto, la evocación del sol.*

**Arachis hypogaea**
**Helleborus nigra**
**Pinus pinea (needles)**

et of two
very rustic,
textural pieces
contrasting with the
grey color and the
smooth surface of
the bases. A contrast
between modernity
and the ancient,
but powerful bark
texture. Christmas
invites us to integrate
symbolic shapes in
everyday objects.

onjunto de
dos piezas
de gran rusticidad
que contrasta con
los recipientes en
gris. Contraste entre
modernidad y la
potente textura de la
corteza. La Navidad
invita a integrar las
formas simbólicas en
el mobiliario común.

**Pinus pinea**
**(bark and needles)**

*S*leek and sophisticated, harmonious and predominantly white with pine cones as a contrasting dark element. A contemporary object with a Neo-Baroque feel. The gold color in the base, to be considered as the divine light, illuminates this suspended wreath, achieving an interesting reflection.

*D*e estética elegante y sofisticada, con predominio del blanco, considerado la ausencia de color, o no color en contraste con el oscuro crea un acento neo-barroco. El oro de la base, considerado la luz divina, ilumina la corona en suspensión consiguiendo un reflejo muy interesante.

**Picea parryana Sargent (cones)**
**Pinus pinea (needles)**

The modern, symmetrical style and lines contrast with the rustic cinnamon and the fragile Cyclamen. The pine needles and Lunaria bring some necessary and playful contrast.

*Estilo de proporción simétrica, contrasta la rusticidad de la canela con la fragilidad del Cyclamen. Las hojas de pino crearan un acento de contraste.*

**Cinnamomum verum**
**Cyclamen persicum**
**Pinus pinea (needles)**

*B*asket weaving is a traditional craft, used to make objects with a purely utilitarian function. Using a handmade woven bowl as basis for this composition focusing primarily on the contrast between light and dark, gives this composition a homy feel.

*L*a cestería es una artesanía tradicional utilizada por los pueblos con una función puramente utilitaria. Utilización de un recipiente artesanal, como base de una composición hogareña creada a partir de un contraste de claro-oscuro, da al objeto una emoción hogareña.

**Helleborus nigra**
**Pinus pinea (cones)**

The Christmas star or the star of Bethlehem, is one of the most distinctive symbols of Christmas, it guides us and gives us light. In this composition, the fresh green texture contrasts with the movement and intersection of crosses and lines of the floral materials.

La estrella de Navidad o estrella de Belén, es uno de los símbolos más característicos de la Navidad, nos guía y nos da luz. También simboliza un estatus. En este trabajo, el frescor de la textura del verde contrasta con el movimiento y el juego de cruces y líneas de los materiales florales.

«
**Helleborus nigra**
**Pinus pinea (cones)**

»
**Eucharis grandiflora**
**Taxus Baccata**

The Christmas wreaths or garlands can be made of natural materials; evergreen branches, flowers or fruits. Usually wreaths are placed on the front door to symbolize the celebration of Christmas in the house but can also be placed on the wall, the fireplace or, as is the case in this design, they can even be used as a centerpiece. A garland made of the same material breaks the composition's circular shape.

*Las coronas o guirnaldas de Navidad pueden ser naturales: ramas de hojas perennes, flores o frutos. Normalmente las coronas se colocan en la puerta de la calle para simbolizar la celebración de la Navidad en la casa pero también pueden colocarse en la pared, la chimenea o, como es el caso de este diseño, incluso pueden utilizarse como centro de mesa. Una guirnalda del mismo material corta la forma circular de la composición.*

The fruit is protagonist in this rather traditional design and creates a sense of naturalness and warmth. The green garland adds to the Christmas character. An object that reminds us of a still life.

*Diseño tradicional en el que la fruta es la protagonista creando una sensación de naturalidad y calidez. La guirnalda verde aporta un carácter navideño. Este objeto nos sugiere la idea de bodegón.*

«
**Capsicum annuum**
**Malus floribunda**
**Phalaenopsis hybrida**
**Pinus pinea (needles)**

»
**Malus communis**
**Malus floribunda**

It is said that true beauty lies in symmetry. Finding the right balance can be a key element in designing a good composition. Perfection is closely related to this. Balanced out compositions show force and a strong personality. This symbolic composition is playing with the aesthetic equilibrium between the different design and decorative elements.

*Dicen que la verdadera belleza está en la simetría. Encontrar el equilibrio puede ser una gran solución para realizar un trabajo. La perfección está íntimamente relacionada con esta. Son trabajos que transmiten fuerza, con una marcada personalidad. Este objeto simbólico juega con el equilibrio estético de los diferentes elementos de diseño y decorativos.*

« 
**Abies nordmanniana**
**Cinnamomum verum**

» 
**Taxus baccata**
**Thuja orientalis**

Rustic and rural complement each other perfectly. Designs like this provide the room with a masculine element, a sense of calm and solid security.

*Lo rústico y lo campestre se complementan de una forma perfecta. Objetos como éste dan un aire masculino al ambiente, una sensación de seguridad reposada y sólida.*

Thanks to Oasis Floral Products for their great collaboration on this project. I also want to dedicate a special thank you to the five families that allowed me to take pictures of the interior of their homes.

**Text and Arrangements**
Daniel Santamarie Pueyo

Floristik projekt
Britta Ohlrogge and Daniel Santamaria
Am salteich 58
21465 Reinbek
Germany
Tel. +49 722 62 67
www.floristik-projekt.com
danielsantamaria@floristik-projekt.com

Escola d'Art Floral
de Catalunya
Fundació

**Text**
Roser Bofill (Barcelona), Francesc Porres (Barcelona)

**Photography**
Guillem Urbà

**Florist-Team**
Britta Ohlrogge (Hamburg), Francesc Porres (Barcelona), Alex Segura (Barcelona), Xavier Lloveras (Barcelona), Rocío Saro (Murcia), Jutta Burmester (Hamburg), Eyke Stahlbuhk (Hamburg), Christel Leyens (Remscheind), Katharina Dehning (Hamburg), Birgit Brunhöver (Hamburg), Jutta Ohlrogge (Hamburg)

**Translation from Spanish**
Elia Santamaria Pueyo

**Final Editing**
Katrien Van Moerbeke

**Layout**
Group Van Damme
www.groupvandamme.eu

**Print**
PurePrint
www.pureprint.be

**Published by**
Stichting Kunstboek bvba
Legeweg 165
B-8020 Oostkamp
Belgium
Tel. +32 50 46 19 10
Fax +32 50 46 19 18
info@stichtingkunstboek.com
www.stichtingkunstboek.com

ISBN 978-90-5856-414-6
D/2012/6407/26
NUR 421